Dieses Buch gehört

Bibliografische Information der Deutschen Bibliothek

Die Deutsche Bibliothek verzeichnet diese Publikation in der
Deutschen Nationalbibliografie; detaillierte bibliografische Daten
sind im Internet über http://dnb.ddb.de abrufbar.

Das Gesamtprogramm
von Butzon & Bercker
finden Sie im Internet
unter www.bube.de

ISBN 978-3-7666-1351-6

Umschlagillustration: Nadine Jessler
Umschlaggestaltung: Elisabeth von der Heiden, Geldern
Satz: Kai Serfling, Leipzig

Meike Wagener-Esser • Thilo Esser

Lieber Gott,
ich hab so viele Fragen

Mit Illustrationen von Nadine Jessler

BUTZON & BERCKER

Inhaltsverzeichnis

Feste und Feiern

Miteinander leben in der einen Welt

Vorwort

Kinder sind von Natur aus neugierig. Sie stellen ihrem Alter entsprechende Fragen, die manchmal ganz schön in die Tiefe gehen können. Schon früh kommen Fragen nach dem Warum, Woher und Wohin des Lebens. Dann ist es nicht immer leicht, auf diese Neugier kindgerecht zu reagieren. Es ist wichtig, dass Kinder ehrliche und gleichzeitig unkomplizierte Antworten bekommen.

Dieses Buch möchte dabei helfen, wenn Eltern, Großeltern, Erzieherinnen und Erzieher Antworten auf Glaubensfragen suchen. Bei der Auswahl der Fragen haben wir uns an unserer eigenen Lebenserfahrung als Eltern von drei Kindern orientiert – wohl wissend, dass unsere Auswahl den vielen möglichen Kinderfragen niemals gerecht werden kann. Dennoch hoffen wir, mit diesem Buch einige Anregungen geben zu können, wie Sie auf kindliche Glaubensfragen eingehen können.

Viel Freude beim Lesen und Vorlesen wünschen Ihnen

Meike Wagener-Esser
und Thilo Esser

Gott und Jesus

Wie sieht Gott aus?

Auf alten Bildern wird er manchmal mit einem langen Bart gemalt – vielleicht, weil die Menschen sich ihn als weise und klug vorstellen. Aber Gott ist anders. Er ist nicht wie ein Mensch, von dem man ein Foto machen kann. In der Bibel ist zu lesen, dass Gott wie ein guter Hirte ist. Er sorgt und kümmert sich um jeden von uns.

Jesus hat gesagt: „Gott ist wie ein guter Vater." Wenn wir mit ihm sprechen, dann dürfen wir sagen: „Unser Vater im Himmel." Aber Gott ist genauso wie eine gute Mutter. Er hat uns ganz lieb. Und er hält zu uns wie deine allerbeste Freundin, dein allerbester Freund. Gott ist Vater, Mutter, Freund, aber auch noch viel mehr.

Wie kann Gott auf so viele Menschen gleichzeitig aufpassen?

Gott liebt jeden Menschen. Jeden hat er so, wie er ist, gewollt. Jeder ist ihm wichtig. Er kann alles. Das können wir Menschen uns gar nicht vorstellen. Wenn du betest, spürst du vielleicht manchmal, dass Gott dich hört und dann bei dir ist.

Das ist ein schönes Gefühl. Gott ist dir ganz nah! Das Gefühl kennen viele gläubige Menschen. Deshalb vertrauen wir darauf, dass Gott jeden Menschen hört und für uns alle da ist.

Warum kann ich Gott nicht sehen?

Gott ist für uns Menschen unsichtbar. Trotzdem ist er immer und überall da. Er begleitet unser Leben hier auf der Erde. Ein alter Name für Gott heißt „Ich bin da." Auch wenn wir Gott nicht sehen können, so können wir doch seine Liebe spüren. Ganz besonders, wenn wir ihn in der Kirche besuchen, beten und gemeinsam feiern. Oder, wenn wir erfahren, wie schön er die Welt gemacht hat. Auch wenn du spürst, wie lieb Mama und Papa dich haben. Das ist ein schönes Gefühl. Du kannst es zwar nicht sehen, aber es ist trotzdem da. Genauso ist es mit Gott: Er ist bei uns Menschen, auch wenn wir ihn nicht sehen können.

Hört Gott, wenn ich bete?

Mit Gott kannst du sprechen wie mit einem guten Freund. Aber du kannst Gott nicht sehen. Du kannst aber spüren, wenn er da ist. Wenn du ganz still bist, geht das besonders gut. Das Beten zu Gott ist nicht wie ein Bestellzettel: Du bittest um etwas und es passiert. Gott weiß selber am besten, was wir gerade brauchen. Er kennt uns. Jesus hat einmal gesagt: „Wo zwei oder drei in meinem Namen versammelt sind, da bin ich mitten unter ihnen." Es kann auch Zeiten geben, wo du Gott nicht verstehst. Das kannst du ihm dann auch ruhig beim Beten sagen. Schön ist, wenn Gott einen Platz in deinem Leben hat, auch wenn du ihn einmal nicht so gut verstehen kannst.

Wer hat die Tiere gemacht?

Gott hat die Tiere erschaffen. Die Tierwelt ist unglaublich groß: Von Bildern kennst du sicher Giraffen in Afrika, Kängurus in Australien und Pandabären in China. Vielleicht hast du selbst ein Tier zuhause: eine Katze, einen Hund oder ein Meerschweinchen. Gott hat uns Menschen gesagt, dass wir gut auf die Tiere achten sollen. Wir sollen sie gut behandeln. Tiere sind Geschöpfe Gottes wie wir Menschen. Die vielen Tiere zeigen, was Gott alles kann. Die Menschen sagen, dass man einen guten Menschen daran erkennen kann, ob er gut mit Tieren umgeht. Um ein Tier muss man sich gut kümmern. Viele Menschen können sich ein Leben ohne ihre Lieblingstiere nicht vorstellen.

14

Wer war Jesus?

Jesus ist der Sohn Gottes. Er ist gleichzeitig wirklicher Gott und wirklicher Mensch. Vor ungefähr 2000 Jahren lebte er hier auf der Erde in Israel – einem ganz kleinen und unbedeutenden Land am Mittelmeer. Er hat den Menschen vom Reich Gottes erzählt. Er kam ganz arm zur Welt. Davon erzählt uns die Bibel: Damals erließ Kaiser Augustus den Befehl, alle Bewohner des Reiches sollten in ihre Stadt ziehen und sich in Steuerlisten eintragen. Auch Josef zog mit seiner Verlobten Maria, die Gottes Kind erwartete, nach Betlehem. Als sie dort ankamen, fanden sie keinen Platz in einer Herberge. So kam es, dass Maria ihren Sohn Jesus in einem Stall zur Welt brachte. Dort legte sie ihn in eine Futterkrippe. In der Gegend waren Hirten und hüteten ihre Herden. Da erschien ihnen der Engel des Herrn und sprach: „Fürchtet euch nicht! Freut euch! Heute ist der Retter der Welt geboren. Er liegt in Windeln gewickelt in einer Krippe." Schnell liefen die Hirten zu dem Stall und fanden alles so, wie es ihnen der Engel verkündet hatte. Voll Freude erzählten sie allen Menschen davon.

Als Jesus geboren wurde, leuchtete ein heller Stern am Himmel. Drei Sterndeuter sahen den Stern und folgten ihm. Er führte sie nach Betlehem und blieb über dem Stall stehen. Sie waren am Ziel: Sie hatten Jesus, den neugeborenen König, gefunden. Die weisen Männer brachten ihm kostbare Geschenke: Gold, Weihrauch und Myrrhe.

Wie hat Jesus gelebt?

Jesus hat einfach gelebt. Als er erwachsen war, hatte er kein richtiges Zuhause. Er wanderte gemeinsam mit seinen Freunden durch das Land. Allen Menschen erzählte er, was das Reich Gottes meint: miteinander friedlich umgehen, einander verzeihen, Menschen helfen, andere glücklich machen. Das hat er den anderen Menschen vorgelebt. Weil Jesus auch Gottes Macht hatte, hat er Kranke geheilt. Blinde konnten wieder sehen und Lahme gehen. Besonders liebte Jesus die Kinder.

Heute kannst du die Geschichten über Jesus in dem Teil der Bibel nachlesen, den wir „Neues Testament" nennen. Jesus wurde nur ungefähr 30 Jahre alt. Weil es Menschen gab, die seine Worte und Taten nicht mochten, haben sie dafür gesorgt, dass er zum Tod verurteilt wurde. Aber er ist nicht tot geblieben. Wie Jesus immer wieder vorausgesagt hat, ist er am dritten Tag nach seinem Tod von den Toten auferstanden. Gott hat seinem Sohn Jesus neues Leben geschenkt. Das war ein Zeichen für alle: Jesus hat den Tod besiegt. Später ist er dann in den Himmel zu seinem Vater zurückgekehrt. Er hat seinen Freunden den Heiligen Geist als Hilfe auf die Erde geschickt. Wir Christen glauben, dass Jesus am Ende der Zeit wiederkommen wird und sein Reich, das hier auf Erden erst angebrochen ist, vollenden wird.

Warum gehen wir zur Kirche?

Wir gehen zur Kirche, weil wir uns jeden Sonntag an Ostern erinnern wollen. Jeden Sonntag denken wir daran, dass Jesus mit seinen Freunden das Brot gebrochen hat. Er hat uns das ewige Leben versprochen und ist von Gott selbst auferweckt worden. Jetzt lebt er bei Gott und ist immer für uns da. Schön ist es, dass Christen überall auf der Welt spüren können, dass sie nicht alleine glauben, sondern dass viele Menschen – junge, alte, gesunde und kranke, weiße, schwarze, große, kleine – gemeinsam mit ihnen glauben. Christen sind nicht allein. Genau das ist auch beim Gottesdienst zu spüren. Dort singen, beten und feiern wir mit vielen anderen Menschen. In der Kirche können wir auch Kraft dafür bekommen, um im Alltag – zuhause, im Kindergarten, in der Schule, mit unseren Eltern und Geschwistern, mit unseren Freundinnen und Freunden – so zu leben, dass Gott Freude an uns hat.

Warum wird im Gottesdienst aus der Bibel vorgelesen?

In jedem Gottesdienst erinnern wir uns an die Geschichte, die Gott mit uns Menschen hat. Die Geschichten von Gott und den Menschen stehen in der Bibel. Die Bibel ist ein sehr altes Buch. „Bibel" ist ein Wort, das aus einer anderen Sprache kommt, dem Griechischen. Dort heißt es „Biblos" und meint einfach „Buch". Die Bibel wird oft das „Buch der Bücher" genannt, denn sie enthält ganz viele verschiedene Bücher. Sie ist eine Art Büchersammlung. Jeden Sonntag wird in der Kirche ein kleiner Abschnitt aus der Bibel vorgelesen. Aus der Bibel können wir lernen, wie wir Menschen gut miteinander leben können. Deshalb können wir die Geschichten, Briefe und Lieder der Bibel auch „Wort Gottes" nennen.

Die große Gemeinschaft der Christen

Warum hängt in der Kirche ein Kreuz?

In jeder Kirche hängt ein Kreuz, meistens vorne in der Nähe des Altares. Die Kreuze erinnern daran, dass Jesus für uns am Kreuz gestorben ist. Die Todesstrafe durch das Kreuz war zur Zeit Jesu eine ganz schreckliche Strafe. Jesus hat den schlimmen Kreuzestod auf sich genommen, obwohl er unschuldig war. Er hat den Tod am Kreuz nicht verdient. Und doch ist er nicht vor dem Kreuz weggelaufen oder hat sich durch ein Wunder aus dem Staub gemacht, als es für ihn gefährlich wurde. Er ist am Kreuz gestorben, weil er wusste, dass dies für alle Menschen gut ist. Denn durch sein Kreuz hat Jesus uns Menschen erlöst. Er hat uns damit geholfen, dass wir in einer neuen, guten Gemeinschaft mit Gott leben können. Deshalb ist das Kreuz für uns Christen mehr als nur die Erinnerung an den Tod Jesu. Es ist gleichzeitig das Zeichen der Erlösung und eigentlich auch der Hoffnung: Durch seinen Tod hat Jesus nämlich alle Menschen von dem endgültigen Tod befreit. Zwar müssen alle Menschen sterben. Aber der Tod ist nicht das „Aus" für uns, sondern der Anfang eines neuen Lebens bei Gott. Dieses „ewige Leben" ist so schön, so friedlich, so gut, wie wir Menschen es uns kaum vorstellen können.

Was tut der Pastor in der Kirche?

Das Wort „Pastor" kommt aus der lateinischen Sprache und bedeutet „Hirte". Der Pastor ist der Vorsteher der Gemeinde, er leitet sie. Das heißt, dass er zum Beispiel dem Gottesdienst vorsteht. Er betet und singt mit der Gemeinde, er feiert mit ihr zusammen Eucharistie bzw. das Abendmahl, er tauft neue Gemeindemitglieder, er ist bei Hochzeiten da und beerdigt die Gemeindemitglieder, die gestorben sind. Den Pastor erkennt man im Gottesdienst daran, dass er ein langes Gewand trägt – in der katholischen Kirche kann es unterschiedliche Farben haben, in der evangelischen Kirche ist es schwarz. Neben all diesen Aufgaben ist der Pastor aber auch noch für jeden Einzelnen aus der Gemeinde da. Wenn Menschen Sorgen oder Nöte haben und mit jemandem sprechen möchten, ist er für sie da. Man nennt das Seelsorge und den Pastor daher manchmal auch Seelsorger. In der evangelischen Kirche können Männer und Frauen Pastöre und Pastorinnen werden und eine Familie haben, in der katholischen Kirche nur Männer, die dann auch nicht verheiratet sind. Katholische Pastöre heißen Priester.

Was geschieht bei einer Taufe?

Bei der Taufe wird ein Mensch in die christliche Gemeinde aufgenommen. Meistens passiert das, wenn die Menschen noch Babys sind. Es können aber auch größere Kinder, Jugendliche oder auch Erwachsene getauft werden. Frag doch mal deine Eltern, ob es noch Fotos von deiner Taufe gibt!

Wenn jemand getauft wird, wird ein wenig Wasser über seinen Kopf geschüttet. Der Pastor spricht dabei die Worte: „N.N., ich taufe dich im Namen des Vaters, des Sohnes und des Heiligen Geistes." Wasser ist bei der Taufe das Zeichen des Lebens mit Gott, der Reinheit und des Neubeginns. Gott möchte mit dem getauften Menschen neu anfangen. Er möchte das ganze Leben bei ihm bleiben. Ein anderes Zeichen für den neuen Anfang mit der Taufe ist das weiße Taufkleid, das jeder, der getauft ist, nach der Taufe trägt. Für Erwachsene gibt es auch weiße Taufschals.

Bei jeder Taufe wird dem neu getauften Kind oder Erwachsenen eine Taufkerze überreicht. Die wird an der großen Osterkerze angezündet und ist das Zeichen dafür, dass Jesus von jetzt an für den getauften Menschen das Licht des Lebens sein soll. Die Taufkerze begleitet einen Christen sein ganzes Leben lang, sie kann bei Geburtstagen, bei der Erstkommunion oder Konfirmation, bei der Hochzeit und neben dem Totenbett angezündet werden. Sie sagt dir stets: „Dein Lebenslicht kommt von Gott. Es wird immer für dich leuchten. Und das von ihm geschenkte Leben ist stärker als der Tod."

Warum brennen in der Kirche Kerzen?

Wenn es zuhause feierlich zugehen soll, zünden wir Kerzen an. Feierlich geht es auch in der Kirche zu. In der Kirche brennen immer verschiedene Kerzen an unterschiedlichen Orten. Jesus hat von sich selbst einmal gesagt: „Ich bin das Licht der Welt." Daran erinnern wir uns, wenn wir in der Kirche die Kerzen sehen. Kerzen stehen z. B. auf dem Altar. Es gibt jedes Jahr zu Ostern eine neue große Kerze, die Osterkerze. Sie ist besonders wichtig, weil sie zeigt, dass Jesus nicht im Dunkel des Todes geblieben ist, sondern dass er auferstanden ist.

In einer katholischen Kirche findet man, verteilt an den Wänden, zwölf Kerzen. Diese Kerzen heißen „Apostelleuchter", weil sie an die zwölf Freunde Jesu erinnern. Die Apostel haben das, was Jesus gesagt und getan hat, weitererzählt. Jesu Botschaft konnte durch sie wie ein Licht in die Welt leuchten. Alle Kerzen werden nach dem Gottesdienst in der Kirche gelöscht – bis auf eine. Das „ewige Licht" brennt immer – es ist ein kleines rotes Licht neben dem Schrank, in dem das gesegnete Brot aufbewahrt wird. Es erinnert uns daran, dass Jesus in diesem Brot immer bei den Menschen ist. Außerdem gibt es in jeder katholischen Kirche einen großen Ständer, auf dem die Besucher Kerzen anzünden können. Wer für sich oder für einen anderen Menschen beten möchte, der kann ein Licht entzünden. Dann wird es hoffentlich im eigenen Leben oder im Alltag der Menschen, für die wir beten, etwas heller.

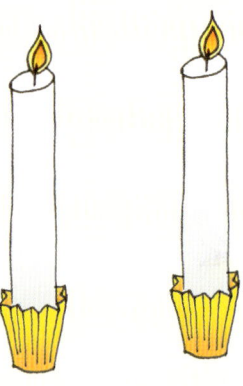

Die große Gemeinschaft der Christen

Warum werden in der Kirche Brot und Wein ausgeteilt?

Ganz früher sind die ersten Christen nach ihren Gebeten zu einem richtigen Essen zusammengekommen. Dabei haben sie auch Brot miteinander geteilt. Das Brot erinnert daran, dass auch Jesus immer wieder mit seinen Freunden Brot geteilt hat – zuletzt am Abend vor seinem Tod. Wenn der Priester heute am Altar das Brot bricht, erinnern wir uns daran. Heute sieht das Brot, das in der Kirche ausgeteilt wird, anders aus als das, was wir in der Bäckerei kaufen können. Die kleinen Oblaten nennen wir „Hostien". Sie sind auch mehr als das normale Brot, das du zum Frühstück isst. Es ist heiliges oder gesegnetes Brot, denn wir Christen glauben daran, dass Jesus in diesem Brot ist. Bei seinem letzten Treffen mit seinen Freunden hat Jesus gesagt: „Nehmt dieses Brot und esst alle davon! Das ist mein Leib, der für euch hingegeben wird." Genauso hat es Jesus mit einem Kelch Wein gemacht. Dazu hat er die Worte gesprochen: „Nehmt und trinkt alle daraus! Das ist mein Blut, das für euch vergossen wird." Durch Brot und Wein sind wir Christen untereinander und mit Jesus verbunden. Das ist eine große Hilfe für uns, damit wir so leben können, wie Jesus das von uns möchte.

Die große Gemeinschaft der Christen

Feste und Feiern

Warum feiern wir Sankt Martin?

Jedes Jahr im November ziehen Kinder mit Laternen hinter einem Reiter mit langem Mantel durch die Straßen. An einem Feuer bleibt der Laternenzug stehen und die Kinder erleben mit, wie der Reiter seinen Mantel mit einem Schwert teilt. Die Hälfte seines Mantels gibt er einem armen Bettler.

Dieses Spiel erinnert an die Geschichte vom heiligen Martin, der vor vielen hundert Jahren in Frankreich lebte. Martin war erst ein Soldat. Als er mitten im Winter einen frierenden Bettler an der Straße sah, hatte er Mitleid. Er teilte seinen Mantel und gab dem Bettler die Hälfte. So hatte auch der etwas zum Anziehen und musste nicht mehr frieren. Weil er mit den armen Menschen geteilt hat, ist Martin auch noch für uns heute ein wichtiger Mann. Er hat die Welt durch das Teilen etwas besser gemacht. Er hat den Menschen das Licht der Liebe gebracht. Deshalb zünden Kinder zu Sankt Martin Laternen an. In einigen Gegenden werden auch Martinsgänse gegessen. Einige Kinder bekommen eine Gans aus Hefeteig geschenkt. Die Gänse haben später im Leben von Martin noch eine Rolle gespielt. Martin sollte nämlich Bischof werden. Eigentlich traute er sich das nicht zu, und deshalb hat er sich erst einmal versteckt – in einem Gänsestall. Die Gänse haben aber so laut geschnattert, dass Martin entdeckt wurde – und schließlich doch noch Bischof wurde.

Wer war Nikolaus?

Nikolaus war ein Bischof, der vor langer Zeit in Myra – das liegt heute in der Türkei – gelebt hat. Er hatte ein Herz für die Menschen und war ein besonderer Freund der Kinder. So hat er drei Mädchen Gold geschenkt, damit sie für ihr Leben ausgesorgt hatten. Sein Fest feiern wir am 6. Dezember. Jedes Jahr am Nikolaustag erinnern wir uns an ihn. Kinder stellen am Vorabend leere Schuhe oder Stiefel vor die Haustüren, die am Morgen mit Obst und Süßigkeiten gefüllt sind. So sind sie über Nacht beschenkt worden, wie Nikolaus früher die Kinder beschenkt hat.

Als Bischof trug Nikolaus einen Bischofshut (die Mitra) und hatte einen gekrümmten Stock (den Bischofsstab) in der Hand. Wenn wir heute zum Nikolaustag einen Schokoladennikolaus geschenkt bekommen, sieht der leider oft nicht wie ein Bischof aus. Manchmal wird der Nikolaus heute mit dem Weihnachtsmann verwechselt. Den hat aber eine Limonadenfirma erfunden. Den „echten" Nikolaus erkennt man immer daran, dass er – wie ein richtiger Bischof – eine Mitra, ein Bischofsgewand und einen Bischofsstab trägt. Es gibt einige Schokoladenfabriken, die wieder „echte" Schokoladennikoläuse mit Bischofshut und Bischofsstab herstellen.

Was feiern wir Weihnachten?

An Weihnachten feiern wir den Geburtstag von Jesus, dem Sohn Gottes. Der wurde ungefähr am 25. Dezember geboren (so ganz genau weiß man das heute nicht mehr). Kurz bevor er geboren werden sollte, waren seine Mutter Maria und ihr Verlobter Josef auf einer Reise. Als die Geburt näher rückte, haben die beiden nach einem Ort gesucht, wo Jesus geboren werden konnte. In Betlehem war es dann so weit. Doch leider war dann dort nur noch in einem Stall Platz für alle. Jesus wurde in diesem Stall geboren. Dort gab es keine Wiege, sondern nur die Futterkrippe der Tiere, um das Baby Jesus dort hineinzulegen.

Deshalb findet man um die Weihnachtszeit in vielen Kirchen Krippen aufgestellt. Sie sollen daran erinnern, dass Jesus ganz arm auf die Erde kam. Um Weihnachten herum werden die Tage auch wieder langsam länger. Es gibt wieder mehr Licht auf der Welt. Als Jesus erwachsen war, hat er von sich gesagt: „Ich bin das Licht der Welt." Daran erinnern wir uns auch, wenn wir an Weihnachten seinen Geburtstag feiern. Weil sich die Menschen über die Geburt Jesu freuen, möchten sie an Weihnachten auch einander eine Freude machen. Deshalb gibt es zu Weihnachten oft Geschenke, besonders für Kinder!

Kennst du die Sternsinger?

Jedes Jahr um den 6. Januar, dem „Dreikönigstag", ziehen Kinder mit königlichen Gewändern durch die Straßen. Voran tragen sie einen Stern. Es sind die Sternsinger. Sie erinnern an die Heiligen Drei Könige (eigentlich waren es weise Männer aus dem Orient). Die haben den Stern von Betlehem richtig gedeutet und sind ihm zur Krippe gefolgt. Als sie Jesus in der Krippe gefunden haben, haben sie sich sehr gefreut. Die drei Weisen beschenkten das Kind mit wertvollen Dingen: Gold, Weihrauch und

Myrrhe (das ist ein Harz). Kinder, die heute Sternsinger sind, wollen etwas von der Freude über die Geburt Jesu in die Häuser der Menschen bringen. Sie klingeln an den Türen und singen oft in den Wohnungen vor den Krippen. Als Segenszeichen schreiben die Sternsinger dann „C + M + B" und die Jahreszahl an die Haustüren. Das bedeutet nicht „Caspar, Melchior und Balthasar", sondern ist die lateinische Abkürzung für „Christus segne dieses Haus". Die Gaben, die die Sternsinger von den Menschen geschenkt bekommen, teilen sie mit anderen Kindern in ärmeren Ländern dieser Welt. Durch die Spenden können Schulen, Brunnen und Häuser in armen Ländern gebaut werden. Dann können auch dort Kinder in Freude und Frieden leben.

Was passiert Karfreitag?

An Karfreitag denken wir daran, dass Jesus gestorben ist. Jesus musste sterben, weil er von vielen Leuten nicht verstanden worden ist. Jesus war der König der Liebe und des Friedens und wollte, dass es allen Menschen gut geht. Vielen Menschen hat das aber nicht gereicht. Sie wollten, dass Jesus gemeinsam mit ihnen daran arbeitet, dass in Israel nicht mehr der römische Kaiser bestimmte. Sie waren enttäuscht darüber, dass Jesus Gewalt ablehnte und scheinbar alles beim Alten ließ. Einige andere Menschen hatten auch Angst vor Jesus, denn er hat oft über die Fehler der reichen Menschen und der Leute gesprochen, die im Land etwas zu sagen hatten. Weil Jesus anders war als die anderen Menschen im Land, wollten ihn einige mächtige Männer umbringen lassen – übrigens auch solche, die denselben Glauben hatten wie er. Darüber war Jesus besonders enttäuscht. Ja, sein Tod am Kreuz war sehr ungerecht.

Jedes Jahr am Karfreitag erinnern wir uns daran, dass Jesus ohne eigene Schuld so grausam am Kreuz gestorben ist. Dann sind die Kirchen leer und dunkel und nicht geschmückt. Alle sind traurig. Jesus hat gewusst, dass er sterben wird. Vor seinem Tod hat er seinen Freunden oft gesagt, dass mit seinem Tod nicht alles zu Ende ist. Die Geschichte von Karfreitag geht deshalb Ostern weiter.

Feste und Feiern

Was feiern wir Ostern?

Ostern feiern wir jedes Jahr im Frühling. Alles grünt und blüht nach dem Winter wieder. Die Natur erwacht zum neuen Leben. Um das neue Leben geht es auch beim Osterfest. Dann feiern Christen, dass Jesus von den Toten auferstanden ist. Das heißt, dass Gott ihn nicht tot gelassen hat, sondern ihm ein neues, ewiges Leben geschenkt hat, also ein Leben ohne Ende bei seinem Vater im Himmel. Nachdem Jesus am Karfreitag gestorben war, ist er von seinen Freunden begraben worden. In der Bibel kann man nachlesen, dass zwei Frauen nach drei Tagen zum Grab gingen. Sie wollten den toten Jesus mit gut riechenden Salben einreiben, denn das war damals in Israel so üblich. Als sie am Grab angekommen waren, fanden sie aber nur ein leeres Grab. Engel sagten ihnen, dass Jesus wieder lebt. Später ist ihnen Jesus selbst begegnet. Auch andere Freunde von Jesus haben ihn gesehen. Auf einer Wanderung haben ihn zwei von seinen Freunden allerdings erst nicht erkannt. Aber am Abend, als er mit ihnen das Brot brach, gingen ihnen die Augen und das Herz auf. Und da war ihnen klar: Jesus lebt!

Ostern feiern wir Christen, dass Gott stärker ist als der Tod. Wie Jesus wird er jeden Menschen, der an ihn glaubt, nach dem Tod zum ewigen Leben auferwecken. Wir dürfen dann immer bei Gott sein. Als Zeichen für das neue Leben und die neue Helligkeit zünden wir die Osterkerze an und essen bunte Ostereier.

Was feiern wir Pfingsten?

Pfingsten feiern wir auch wieder Geburtstag – diesmal den Geburtstag der Kirche. Als Jesus in den Himmel zurückgegangen ist, hat er seinen Freunden versprochen, sie nicht allein zu lassen. Er wollte ihnen ein Geschenk geben – den Heiligen Geist. Der Heilige Geist ist kein Gespenst, vor dem man sich fürchtet. Er ist eine unsichtbare Kraft, durch die wir spüren können, dass Gott immer da ist. Freude, Liebe, Stärke – so etwas kann vom Heiligen Geist kommen. Pfingsten kam dieser Heilige Geist zu den Freunden von Jesus. Die Menschen spürten: Jetzt ist Jesus immer bei uns, auch wenn wir ihn nicht mehr sehen. Wenn wir das Kreuzzeichen machen, denken wir auch daran, dass der Heilige Geist bei uns ist. Wir sprechen dann: „Im Namen des Vaters, des Sohnes und des Heiligen Geistes."

44

Miteinander leben in der einen Welt

Hat Gott die Welt wirklich in sieben Tagen gemacht?

Über diese Frage haben viele kluge Menschen lange nachgedacht. Im ersten Buch in der Bibel kann man nachlesen, wie sich die Menschen vorgestellt haben, wie Gott die Welt gemacht hat. Dort hat er sieben Tage gebraucht, um unsere schöne Welt zu erschaffen. Jeden Tag hat er etwas anderes gemacht: die Sterne und den Mond, die Pflanzen, die Tiere und zuletzt – den Menschen. Die Bibel will uns damit sagen: Gott hat die Welt erschaffen. Er hat sie schön gemacht, damit die Menschen gut in ihr leben können. Gott hat sich viel Mühe mit der Welt gegeben und möchte, dass wir Menschen gut mit ihr umgehen.

Forscher meinen, dass es vor ganz langer Zeit einen großen Knall gegeben hat. Alles, was es gab, sei durcheinandergeflogen und alle Sterne, alle Sonnen, alles, was es gibt, sei dadurch entstanden. Stimmt es also nicht, was in der Bibel steht?

Wie die Welt ganz genau entstanden ist, kann kein Mensch sagen. Auch die Forscher können nur vermuten, wie es damals gewesen sein mag. Die Bibel will uns mit der Schöpfungsgeschichte sagen, dass Gott den Anfang von allem gemacht hat. Eine tolle Vorstellung! Gott als der Anfang von allem, die Ursache von allem Leben hier auf der schönen Erde. Ob dazu sieben Tage oder viele Milliarden Jahre vergangen sind, ist eigentlich egal.

Was bedeutet „tot sein"?

Wenn du auf den Friedhof gehst, siehst du viele Grabsteine, Lichter und Blumen. Alles das zeigt, dass wir an die Menschen denken, die tot sind und dort in den Gräbern begraben wurden. Wer tot ist, ist gestorben und lebt nicht mehr. Menschen sterben, weil sie alt sind. Sterben muss man aber auch, wenn man eine ganz schwere Krankheit hat oder bei einem Unfall ganz schwer verletzt wird. Das heißt, dass auch junge Menschen sterben können. Jeder von uns wird irgendwann einmal sterben. Niemand weiß aber genau, wann das sein wird. Den Zeitpunkt kennt nur Gott. Jesus hat uns gesagt: „Wer an mich glaubt, der wird ewig leben." Damit ist nicht gemeint, dass wir auf dieser Erde nicht sterben werden. Jesus sagt, dass wir nach dem Tod im „Reich Gottes" sein werden. Wie

es dort aussieht, weiß niemand auf dieser Erde. Aber Jesus hat uns erzählt, dass es dort keine Traurigkeit, keine Schmerzen und nichts Böses gibt. Das ist wunderschön! Wir brauchen also vor dem Tod keine Angst zu haben. Wenn du Menschen kennst, die schon gestorben sind, dann dürfen wir ganz fest darauf vertrauen, dass sie schon bei Gott sind.

Was ist Familie?

Wenn man von einer Familie spricht, meint man damit Mutter, Vater und deren Kinder. Wenn eine Frau und ein Mann verheiratet sind, nennt man sie Ehepaar. Sie haben sich bei ihrer Hochzeit versprochen, einander treu zu sein. Das heißt, dass sie sich ihr Leben lang lieb haben wollen und sich umeinander sorgen. Es kommt aber trotzdem vor, dass sich ein Ehepaar trennt, weil es sich nicht mehr verstanden hat. Das ist sehr traurig. Auch wenn Menschen sich Mühe geben, einander gut zu sein, machen sie trotzdem auch Fehler. Wenn wir uns in der Familie gut verstehen wollen, muss jeder etwas dafür tun. Auch wenn wir uns alle lieb haben, gibt es Dinge, die uns ärgern. Du willst vielleicht in Ruhe etwas malen oder ein Buch lesen, und deine Schwester stört dich mit ihrem lauten Gesang. Oder du möchtest mit Mama spielen, und die ist ganz müde von ihrer Arbeit. Wenn wir aufeinander Rücksicht nehmen und manchmal auch das ertragen, was uns an den anderen stört, können wir in Frieden und Liebe in der Familie zusammenleben.

Wer eine Familie hat, kann dafür dankbar sein und darf das auch Gott sagen, der sich darüber freut, wenn es uns gut geht. Wir dürfen ihn aber auch bitten, dass er unsere Familie begleitet und beschützt, damit wir froh und in Frieden miteinander leben können.

Haben alle Menschen genug zu essen?

Wenn du Hunger und Durst hast, musst du etwas essen und trinken. Du weißt, wie gut es dann tut, in ein leckeres Brot zu beißen und kühlen Saft zu trinken. Alle Menschen brauchen etwas zu essen und zu trinken, um leben zu können. Haben sie das nicht, werden sie krank oder müssen sogar sterben. Das ist sehr schlimm. Wenn du in einen Supermarkt in deinem Wohnort gehst, siehst du volle Regale. In unserem Land haben die meisten Leute genug Geld, um sich etwas zum Essen zu kaufen. Aber auch bei uns gibt es immer mehr Menschen, die Hilfe benötigen. Für sie gibt es „Tafeln" oder „Warenkörbe", wo sie für wenig Geld etwas zum Essen bekommen. Alle Menschen auf unserer Erde könnten genug zu essen haben, wenn die Menschen besser miteinander teilten. Leider gibt es vor allem in den Ländern auf der Südhalbkugel der Erde immer noch viele Menschen, die täglich hungern müssen.

Das liegt daran, dass Hitze, Trockenheit oder Verschmutzung das Land so unfruchtbar machen, dass nichts mehr wachsen kann. Aber es liegt auch daran, dass einige Menschen im Überfluss leben und anderen nichts vom ihrem Zuviel abgeben möchten. Das ist sehr ungerecht. Wenn wir lernen zu teilen, kann es den armen Menschen besser gehen. Wir können den armen Menschen in unserer Nähe helfen. Und wir können auch Menschen helfen, die dann wieder anderen Menschen in der Ferne helfen. Dafür gibt es Hilfswerke, die wir mit Geld unterstützen können. Auch Kinder können das tun – manchmal bekommst du in der Kirche, im Kindergarten oder in der Schule dafür kleine Sammeldöschen.

Wieso sehen alle Menschen anders aus?

Schau dich einmal im Spiegel an. Du siehst dich selbst, ganz klar! Denke daran: Dich gibt es nur einmal auf der ganzen Welt. Niemand ist genauso wie du. Vielleicht gibt es einen Menschen, dessen Haare sind ganz ähnlich wie deine. Oder jemand hat eine Stimme, die sich fast so wie deine anhört. Aber genauso wie bei dir ist alles das nicht. Manchmal sagen Erwachsene zu einem Kind: „Du kommst ganz nach deiner Mama" oder: „Du hast Augen wie dein Papa." Damit wollen sie sagen, dass das Kind seinen Eltern sehr ähnlich sieht. Das stimmt auch, denn Mutter und Vater geben ihren Kindern viele Merkmale mit

auf den Weg. Sie „vererben" sie, sagt man auch. Aber auch das bedeutet nicht, dass du genau wie deine Eltern bist. Denn du bist einzigartig und einmalig. Das ist eine tolle Vorstellung!

Wir Christen glauben daran, dass Gott jedem Einzelnen von uns das Leben geschenkt hat. Er will, dass wir leben. Er will, dass du lebst, weil er dich liebt. Du kannst dich fest darauf verlassen, dass er dich liebt, genauso wie du bist. Das ist eine wunderbare Sache. Vielleicht sagst du beim nächsten Mal, wenn du dich im Spiegel siehst, zu dir selbst: „Gott hat mich lieb."

Warum gibt es Kriege?

Wenn du mit deinen Eltern in die Zeitung schaust oder den Nachrichten zuhörst, wirst du immer wieder von Kriegen erfahren. Kriege gib es, wenn Länder miteinander in Streit geraten. Soldaten kämpfen gegeneinander. Dabei gibt es viel Leid. Menschen verlieren ihre Wohnung, wenn sie von Bomben getroffen wird. Oder sie werden vertrieben und müssen ihre Heimat verlassen. Menschen sterben, auch ganz unschuldige. Das ist sehr, sehr traurig. Gott will nicht, dass es Krieg gibt. Er möchte, dass Frieden auf der Welt ist.

Jesus kam in Israel zur Welt, einem kleinen Land, das damals von Soldaten des großen Römischen Reiches besetzt war. Die Menschen hofften, dass Jesus diese Soldaten aus dem Land werfen würde. Schließlich war er doch Gottes Sohn, und der ist doch stark und mächtig! Jesus kämpfte aber nicht mit Gewalt, wie es Soldaten tun. Er ging zu denen, die traurig waren, die keiner leiden konnte, mit denen keiner etwas zu tun haben wollte. Da waren die Menschen in Israel enttäuscht. „Soll er doch die Römer herauswerfen", mögen sie gedacht haben. Jesus sagte ihnen: „Liebt die anderen Menschen genauso, wie ihr euch selber liebt." Wenn wir diesem Auftrag folgen, kann Frieden entstehen. Wenn die Liebe stärker ist als das Böse, dann werden Kriege zu Ende gehen.

Was meint „versöhnen"?

Sicherlich kannst du dich gut daran erinnern, wie du dich mit deiner Freundin, deinem Bruder oder vielleicht auch deinen Eltern gestritten hast. Dann kann es vorkommen, dass du laut schimpfst oder auch einige böse Worte sagst. Streit haben ist nicht schön. Oft macht er richtig wütend und auch traurig. Dann ist es schwer, dem anderen dann noch in die Augen zu sehen. Du möchtest, dass der Streit vorbei ist und man sich wieder gut versteht. Es ist nicht ganz leicht, den Streit zu beenden. Jeder möchte Recht behalten und nicht nachgeben. Aber wenn es dabei bleibt, bleibt auch der Streit. Dieser Streit trennt Menschen voneinander und tut richtig weh.

Zum Versöhnen brauchst du Mut. Manchmal sagt man: „Einer muss den ersten Schritt machen." Das heißt, dass einer auf den anderen zugeht und sagt: „Wollen wir uns wieder vertragen?" oder: „Wollen wir uns wieder gut sein?" Vielleicht kennst du das Gefühl: Es tut richtig gut, wenn der Streit zu Ende ist und man wieder zusammen lachen und spielen kann. Als Jesus auf die Welt gekommen ist, hat er auch den ersten Schritt zu uns Menschen gemacht. Er wollte uns allen sagen: „Gott verzeiht euch das, was ihr Böses getan habt. Er reicht euch die Hand zur Versöhnung, denn er ist euer Freund."

Vielleicht hast du in deiner Kirche schon einmal kleine Räume entdeckt. Diese Räume sehen manchmal aus wie ein Schrank mit einer Kammer, in der der Priester sitzt; an der Seite ist dann eine andere kleine Kammer, in die man hineingehen kann und mit dem Priester spricht. Immer häufiger gibt es aber auch kleine Gesprächszimmer, in denen wir uns mit dem Priester zusammensetzen können. Ihm dürfen wir sagen, was wir falsch gemacht haben, und er sagt uns immer wieder zu, dass Jesus uns die Hand zur Versöhnung reicht und unser Freund bleibt.